Lena Frauenknecht

Das Tagebuch der Anne Frank. Grammatische Strukturen des Gefühlsausdrucks

GRIN Verlag

Bibliografische Information der Deutschen Nationalbibliothek:

Die Deutsche Bibliothek verzeichnet diese Publikation in der Deutschen National-
bibliografie; detaillierte bibliografische Daten sind im Internet über http://dnb.d-
nb.de/ abrufbar.

Impressum:

Copyright © 2014 GRIN Verlag GmbH
Druck und Bindung: Books on Demand GmbH, Norderstedt Germany
ISBN: 978-3-656-72326-4

Dieses Buch bei GRIN:

http://www.grin.com/de/e-book/279300/das-tagebuch-der-anne-frank-grammatische-
strukturen-des-gefuehlsausdrucks

GRIN - Your knowledge has value

Der GRIN Verlag publiziert seit 1998 wissenschaftliche Arbeiten von Studenten, Hochschullehrern und anderen Akademikern als eBook und gedrucktes Buch. Die Verlagswebsite www.grin.com ist die ideale Plattform zur Veröffentlichung von Hausarbeiten, Abschlussarbeiten, wissenschaftlichen Aufsätzen, Dissertationen und Fachbüchern.

Besuchen Sie uns im Internet:

http://www.grin.com/

http://www.facebook.com/grincom

http://www.twitter.com/grin_com

In der folgenden Arbeit werden zwei Textausschnitte aus „Das Tagebuch der Anne Frank" hinsichtlich grammatischer Strukturen untersucht, die dazu dienen Gefühle darzustellen. Wie dem Titel des Buches bereits zu entnehmen ist, liegt hier um eine besondere Form von epischen Texten vor, da es sich bei beiden Textauszügen um Tagebucheinträge handelt. Dadurch erhält man als Leser den Eindruck, unvermittelt an der persönlichen Gefühlswelt von Anne Frank teilhaben zu können.

In beiden Textausschnitten findet man eine große Anzahl an Pronomina vor. Vor allem Personal-, Possessiv- und Reflexivpronomen werden besonders oft verwendet. Im ersten Auszug tauchen 30 Personalpronomen, 18 Possessivpronomen und 14 Reflexivpronomen auf. Auch im zweiten Textausschnitt kommen äußerst viele Pronomina vor (27 Personalpronomen, 15 Possessivpronomen, 12 Reflexivpronomen). Durch die häufige Verwendung von Pronomina, v.a. der 1. Person Singular und der 1. Person Plural, wird dem Leser der Eindruck vermittelt, dass es sich um einen sehr persönlichen und emotionsgeladenen Text handelt. Die folgenden Beispiele sollen den starken Gebrauch von Pronomen veranschaulichen:

(1) „*Er* drückte *mich* steif an *sich, meine* Brust lag an der *seinen – mein* Herz klopfte schneller -, aber es kam noch viel schöner." (I, Z. 10-11)

(2) „*Er* ruhte nicht, bis *mein* Kopf auf *seiner* Schulter lag und der *seine* darauf." (I, Z. 11-12)

(3) „Warum soll *ich* dann nicht tun, was *mein* Herz *mir* sagt, und *uns* beide glücklich machen?" (II, Z. 20)

Außerdem werden viele Interrogativsätze verwendet, v.a. im zweiten Textauszug. Zum Teil handelt es sich dabei um rhetorische Fragen („Ist es nicht für jedes Mädchen von großer Bedeutung, wenn es den ersten Kuss bekommt?" I, Z. 2-3). Die meisten Fragen allerdings stellt Anne an ihr Tagebuch Kitty und bringt auf diese Weise zum einen ihre Zweifel zum Ausdruck, zum anderen scheinen diese Fragesätze aber auch eine rechtfertigende Funktion zu haben, denn in vielen Fällen gibt Anne sofort selbst eine Antwort auf die gestellte Frage. Die zum Teil mehrfach aufeinander folgenden Interrogativsätze dienen dazu, dem Leser den inneren Konflikt zwischen Gefühlen und Konventionen zu verdeutlichen, indem sich Anne befindet und geben Rückschluss auf ihre zwiespältigen und chaotischen Gedankengänge.

„Warum sollen wir, die wir uns gern haben, voneinander entfernt bleiben? Warum sollen wir warten, bis wir das passende Alter haben? Warum sollen wir viel fragen?" (II, Z. 17-19)

Diese kurze Passage, in der drei direkt aneinandergereihte Fragesätze auftauchen, erweckt beim Leser den Eindruck, dass Anne das Gefühl hat sich verteidigen und rechtfertigen zu müssen. Dieser Eindruck wird durch die Anapher „Warum sollen wir ...“ weiter verstärkt. Dadurch wird dem Leser Annes Gefühl der inneren Zerrissenheit deutlich vor Augen geführt und er begreift, dass Anne im Konflikt mit sich selbst steht und nicht weiß, was richtig und was falsch ist.

Eine weitere Möglichkeit, um Gefühle in epischen Texten darzustellen, ist die Interpunktion. In den beiden Tagebucheinträgen findet man bezüglich der Interpunktion einige erwähnenswerte Aspekte vor. Neben den vielen Fragezeichen, die in Verbindung mit den im letzten Abschnitt thematisierten Interrogativsätzen einhergehen werden auch mehrfach Ausrufezeichen verwendet (II, Z. 6, Z.8), die nicht zwangsläufig in Verbindung mit Imperativsätzen auftreten. Beispielsweise endet im zweiten Textausschnitt ein Aussagesatz nicht mit einem Punkt, sondern mit einem Ausrufezeichen („Es gehört viel Vertrauen dazu, [...], aber das Bewusstsein, dieses Vertrauen zu besitzen, wird uns sicher stark machen!“ II, Z. 25-27). Durch die Verwendung eines Ausrufezeichens wird der getroffenen Aussage mehr Ausdruck verliehen.

Desweiteren tauchen im Text vermehrt Einschübe auf. Diese sind zum Teil durch Gedankenstriche gekennzeichnet („Aber – und es ist tatsächlich ein Aber dabei -, wird Peter es hierbei belassen wollen?“ II, Z.7). Die Einschübe vermitteln das Gefühl, dass es sich um einen niedergeschriebenen Gedankengang handelt, indem Anne ihre eigene Aussage kommentiert („Oh Anne, welche Schande, *aber ehrlich,* ich finde es keine Schande.“ II, Z. 15), bzw. diese selbst durch weitere Informationen ergänzt („Er drückte mich steif an sich, meine Brust lag an der seinen – mein Herz klopfte schneller -, aber es kam noch viel schöner.“ I, Z. 10-11). Bezüglich der Interpunktion ist außerdem das „...“ anzuführen, das in beiden Textauszügen auftaucht. Auf diese Weise entsteht eine kurze Pause, die auf ein Zögern oder Innehalten schließen lässt („Ich habe sein Versprechen sicher nicht vergessen, aber ... er ist ein Junge!“ II, Z. 7-8“).

Auch im Bereich er Lexik lassen sich einige Anhaltspunkt erkennen, die auf einen Gefühlsausdruck hinweisen. Das Gefühl der Verliebtheit wird zum einen durch viele Lexeme, die zum Wortfeld *Kuss* gehören transportiert („Kuss“ I, Z. 3,4,5, „Handkuss“ I, Z. 4, „küsste“ I, Z. 19), zum anderen tauchen in beiden Textauszügen aber auch zahlreiche Lexeme auf, die der Isotopie des Verliebtseins zuzuordnen sind (z.B. „herrlich“ I, Z. 13, II, Z. 6, „erregend“ II,

Z.5, „glücklich" I, Z. 16, II, Z. 20, „schöner" I, Z. 11, „Sehnsucht" I, Z. 20, „Zartheit" II, Z. 23, „Vertrauen" II, Z. 26, ...). Die Adjektive „plötzlich" (I, Z. 5, 18) und „schnell" (I, Z. 13) vermitteln dem Leser außerdem den Eindruck, als könnte Anne noch gar nicht begreifen, was passiert ist, bzw. als hätten sie die letzten Ereignisse total überrumpelt. Die Adverbien „aneinander" (I, Z. 15) und „beieinander" (I, Z. 9), die in Verbindung mit dem Adjektiv „dicht" auftreten, repräsentieren das Gefühl der körperlichen Nähe zwischen Anne und Peter. Der Gebrauch von Interjektionen („*Oh, es war so herrlich,...*" I, Z.13, „*Oh, Anne, ...*" II, Z. 15) ist in diesen Textauszügen eine weitere Methode um Gefühle darzustellen.

In Hinsicht auf die syntaktische Ebene lässt sich zum Abschluss sagen, dass die Verwendung der Satzarten sehr abwechslungsreich gestaltet ist. Auf diese Weise können unterschiedliche kommunikative Funktionen in Kraft treten. Der Text erinnert so stark an die mündliche Kommunikation und dies verschafft dem Leser mehr Nähe zum Text. Es entsteht der Eindruck, als handle es sich um einen niedergeschriebenen Monolog. Verstärkt wird dieser Effekt durch eine Reihe von Stilmitteln, die den Satzbau betreffen. Die Verwendung von Inversionen (z.B. „Wie ich plötzlich diesen Kuss bekommen habe, sollst du nun hören:" I, Z. 5), Ellipsen (z.B. „Oh, es war so herrlich, ich konnte nicht sprechen, nur diese Augenblicke genießen" I, Z. 13-14) und Anaphern (z.B. „Es ist so ruhig und sicher, […], es ist so erregend,[…], es ist so herrlich, […]!" II, Z. 4-6) lässt den Text noch lebhafter und authentischer wirken.

Literaturverzeichnis:

- Das Tagebuch der Anne Frank (1979). Frankfurt am Main: Fischer Taschenbuch Verlag.
  Textausschnitt I: S. 160-161.
  Textausschnitt II: S. 161-162.